Kolibri Spezial

Berühmte Komponisten

Bettina Küntzel (Hrsg.)
Unter Mitarbeit von Niels Frédéric Hoffmann

Schroedel

Kolibri Spezial

Berühmte Komponisten

Herausgegeben von
Bettina Küntzel

Zu »Berühmte Komponisten« ist erschienen:
Musik-CD mit Hörbeispielen: 978-3-507-02753-4

In der Reihe „Kolibri Spezial“ sind bereits erschienen:

Popsongs 1:	978-3-507-02713-8
Popsongs 1 (CD):	978-3-507-02714-5
Tanzen und Tanzen lernen:	978-3-507-02716-9
Tanzen und Tanzen lernen (CD):	978-3-507-02717-6
Musik und Kunst fächerübergreifend unterrrichten (mit CD):	978-3-507-02756-5

Druck A² / Jahr 2014
Alle Drucke der Serie A sind im Unterricht parallel verwendbar.

Redaktion: Elisabeth Dorner, Berlin
Herstellung: Gundula Wanjek-Binder, Hannover
Umschlaggestaltung: Annette Henko
mit einer Illustration von Silvia Kania
Illustrationen: Silvia Kania, Milada Krautmann, Hela Woernle
Die Idee zur Herstellung der Triangel auf S. 24 stammt von Frigga Schnelle.
Satz und Notensatz: prima nota GmbH, Korbach
Druck: westermann druck GmbH, Braunschweig

ISBN 978-3-507-**02752**-7

Vorwort

Kindern im Grundschulalter klassische Musik zu vermitteln, ist keine leichte Aufgabe. Das liegt vor allem auch daran, dass viele Lehrerinnen und Lehrer selbst nicht mit klassischer Musik aufgewachsen sind und ihnen deshalb die natürliche Nähe zu dieser Musik fehlt. Die wichtigsten europäischen Komponisten zu kennen gehört jedoch zum Bildungskanon. Außerdem ist diese Musik hinreißend schön, phantasievoll und spannend. Sie eröffnet einen Zugang, über den europäische Geschichte anschaulich und sinnlich erfahrbar werden kann.

Die Hamburger Staatsoper unternimmt – wie viele andere Opernhäuser auch – viel, um Lehrern und Schülern einen lebendigen Zugang zur Klassik zu ermöglichen. Das Programm für Kinder und Jugendliche beinhaltet unter anderem Musikinstrumente-Workshops, Probenbesuche und die Reihe „Pizzikati. Lustige Klassik“ für Grundschulkinder mit Niels Frédéric Hoffmann (Musik) und Stefan Siegert (Zeichnungen). Aus dieser Erfahrung wurde die Idee für die „Berühmten Komponisten“ geboren.

Im historischen Kontext werden die vier großen Komponisten Johann Sebastian Bach, Wolfgang Amadeus Mozart, Ludwig van Beethoven und Richard Wagner vorgestellt. Unterhaltsame und witzige Geschichten aus der jeweiligen Biografie wecken das Interesse der Kinder und verblüffen auch manch versierten Kollegen mit eher unbekannten Details.

Im Unterricht werden die Texte gelesen und besprochen, sodass ein Bild der Zeit, in der z.B. J. S. Bach gelebt hat, entsteht. Historische Zusammenhänge und Hintergründe werden so auf spielerische Weise erfahrbar. Eine zweite Ebene ist das Handeln: Mitspielsätze bieten die Möglichkeit zum Klatschen, zum Stampfen oder zum Spiel auf einfachen Instrumenten, auch selbst gebastelten. Instrumentenkunde findet zum Beispiel bei Bach (die Orgel), bei Mozart (türkische Perkussionsinstrumente) und bei Beethoven statt. Auch Singen und Tanzen kommen nicht zu kurz. Das genaue Hören wenden Kinder bei Wagner an, wenn es um die Leitmotive im „Ring des Nibelungen“ geht.

Die Seiten sind für die Hand des Schülers/der Schülerin geschrieben und gestaltet. Sie enthalten auch alle Informationen und Anregungen, die für einen gelungenen Unterricht wichtig sind.

Viel Spaß damit!
Die Herausgeberin

Inhalt

Johann Sebastian Bach (*1685 Eisenach – †1750 Leipzig)

Wolfgang Amadeus Mozart (*1756 Salzburg – †1791 Wien)

Ludwig van Beethoven
(*1770 Bonn – †1827 Wien)

Richard Wagner
(*1813 Leipzig – †1883 Venedig)

Johann Sebastian Bach in seiner Zeit

A Welche Abbildung passt zu welchem Text?

a

b

c

d

(1)
Johann Sebastian Bach wird 1685 in Eisenach geboren. Der Ur-Ur-Ur-Großvater von Johann Sebastian Bach heißt Veit Bach und ist Straßenmusiker. Er spielt auf einer Geige und singt lustige Lieder. Seine Vorfahren stammen aus Ungarn und heißen Back, weil sie Bäcker waren.

(2)
Johann Sebastian Bach hat viele Geschwister. Als er 12 Jahre alt ist, stirbt seine Mutter. Neun Monate später stirbt sein Vater. Er muss bei seinem älteren Bruder in Ohrdruf bei Eisenach in Thüringen wohnen.

(3)
Mit 15 Jahren geht er zu Fuß nach Lüneburg, um dort eine Schule für musikbegabte Kinder aus armen Familien zu besuchen. Die Strecke ist 350 Kilometer lang und führt über die Städte Langensalza, Mühlhausen, Braunschweig und Uelzen. Er wandert nicht allein, sondern zusammen mit seinem Freund Georg Erdmann.

e

f

g

h

(4)
Im Alter von 17 Jahren erhält er eine Stelle als Organist in Arnstadt. Ein Organist muss in der Kirche Orgel spielen und den Chor und das Orchester leiten.
In Arnstadt benimmt er sich gern mal daneben.

- Während einer Predigt, die ca. 1 1/2 Stunden dauert, verlässt er unerlaubt die Kirche, um ein Bier zu trinken.
- Er verlängert seinen Urlaub von vier Wochen auf vier Monate ohne Genehmigung.
- Er nennt den Studenten Geyersbach einen „Zippel-Fagottisten“ und prügelt sich mit ihm. Das war nicht nett von Bach.

(5)
Mit 32 Jahren muss er vier Wochen ins Gefängnis, weil er ohne Erlaubnis seine Anstellung kündigt. Das war damals verboten. Bach aber will weg von seinem Chef Ernst August in Weimar, der ihn schlecht behandelt. Er möchte lieber für Prinz Leopold in Köthen arbeiten. Der Prinz kauft ihn aus dem Gefängnis frei.

(6)
Bachs erste Frau heißt Maria Barbara. Sie haben 7 Kinder. Seine zweite Frau heißt Anna Magdalena. Mit ihr hat er 13 Kinder.

(7)
Seine letzte Stelle hat Bach von 1722–1750 in Leipzig als Kantor an der Thomaskirche. Als Kantor muss er komponieren, Orgel spielen, das Orchester und den Chor leiten. Nebenbei arbeitet er auch für viele Fürsten und spielt in seinem Lieblingslokal „Zimmermanns Kaffeehaus“ selbst Musik.

Der Schüler Johann Gottlieb Goldberg

Über Bachs Schüler Johann Gottlieb Goldberg erzählt man sich diese Geschichte:

Johann Gottlieb Goldberg war bei dem Grafen von Keyserlingk als Klavierspieler angestellt. Der Graf konnte schlecht einschlafen. Deshalb musste Johann Gottlieb für ihn abends solange Klavier spielen, bis der Graf endlich eingeschlafen war. Als Johann Gottlieb Ideen und Noten ausgingen, komponierte Bach für ihn 30 Variationen über dasselbe Bassthema. Jede Variation klingt etwas anders, weil immer neue Töne dazukommen. Während Goldberg die Variationen spielte, konnte der Graf ruhig einschlafen. Gute Nacht!

(A) Hört euch einen Ausschnitt (CD) 1 daraus an. Er wird mehrfach wiederholt. Ihr könnt dazu diese Töne mitspielen:

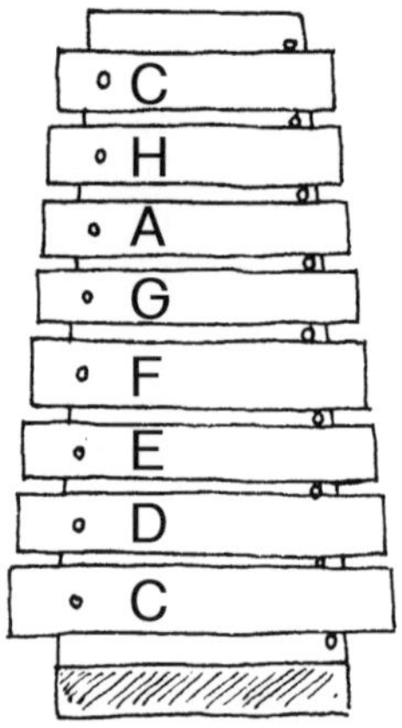

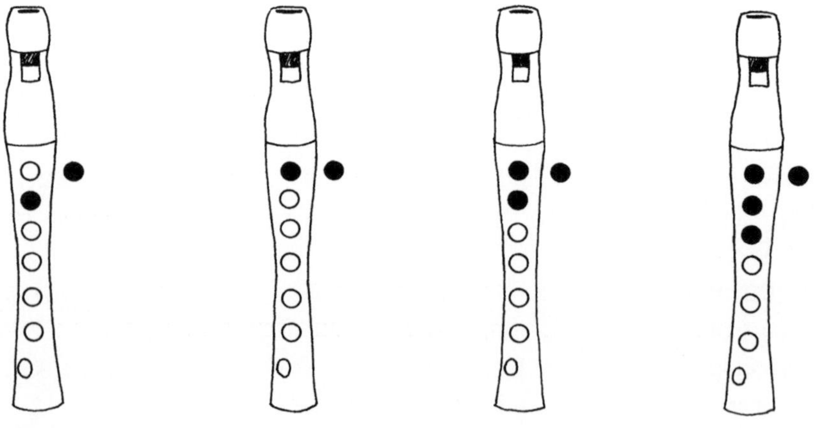

c'' h' a' g'

Flötengriffe

(A) Schlaft ihr dabei auch so gut ein wie der Graf?

Kraut und Rüben

Zu Bachs Zeit gab es nur am Sonntag Fleisch. Auch sonst war der Speiseplan eher eintönig. In Deutschland wurde öfter als anderswo Kohl gegessen, vor allem Rotkraut und Sauerkraut. Noch im 20. Jahrhundert wurden die Deutschen deshalb gerne von den Amerikanern als „Krauts“ bezeichnet.

Über das langweilige Essen wurde selbst in Gassenhauern geklagt. Gassenhauer sind Lieder, die wie Schlager auf den Straßen gesungen wurden. Der Text geht so:

Kraut und Rüben haben mich vertrieben.
Hätt' mein' Mutter Fleisch gekocht,
dann wär' ich länger 'blieben.

Bach verwendet in seiner letzten Goldberg-Variation Teile aus diesem Gassenhauer.

A Singt den Text zu der folgenden Melodie. Sie ist ein Ausschnitt aus der letzten Goldbergvariation Nr. 30.

Kraut und Rüben 2–3 mündlich überliefert

Menuett

Die Familie Bach besaß ein leeres Buch: „Das Notenbuch der Anna-Magdalena Bach“. In dieses Buch schrieb jedes Familienmitglied seine Lieblingsmelodie hinein. Johann Sebastian schrieb das kleine Klavierstück „Menuett“ in das Buch. Das Stück stammt von dem Komponisten Christian Petzold. Es muss Johann Sebastian besonders gut gefallen haben.

Menuett 4

Ch. Petzold
BWV Anhang 114

Die Melodie wurde sehr berühmt und oft gecovert. Covern bedeutet, dass ein Lied neu aufgenommen wird.

Die Mädchengruppe „The Toys“ (Die Spielzeuge) hat die Melodie des Menuetts gesungen und einen Text dazu geschrieben. Das war vor mehr als 40 Jahren. 5

In unserem Hörbeispiel erklingt das Menuett auf einem Cembalo. Das Cembalo ist ein Instrument mit Tasten, das zur Zeit J. S. Bachs weit verbreitet war.

A Ihr könnt es genauso machen. Denkt euch einen Text zu der Melodie aus und singt das Lied.

Wie alle Komponisten seiner Zeit verarbeitete Bach in seinen Kompositionen bekannte Melodien. Auch heute verwenden Musiker gerne Ausschnitte aus bekannten Stücken anderer Künstler in ihren eigenen Liedern.
Doch heute gibt es ein Gesetz, das besagt: Erst wenn ein Komponist länger als 70 Jahre tot ist, darf man seine Musik verwenden, ohne um Erlaubnis zu fragen.
Die Sängerin Madonna hat in ihrem Song „Hung up“ einen Ausschnitt aus einem Musikstück der Gruppe ABBA verwendet. Sie musste ABBA um Erlaubnis bitten und dafür bezahlen. 6–7

Menuett tanzen 8

Das Menuett ist im Dreiertakt, also immer:
1 – 2 – 3 – **1** – 2 – 3 – **1** – 2 – 3 – **1** – 2 – 3 usw.

A Tanzt ein Menuett in vereinfachter Form.
Als Musik dient euch das Menuett aus der Feuerwerksmusik des Barockkomponisten Georg Friedrich Händel.

Man steht und geht im Paarkreis.
△ = Junge ◯ = Mädchen

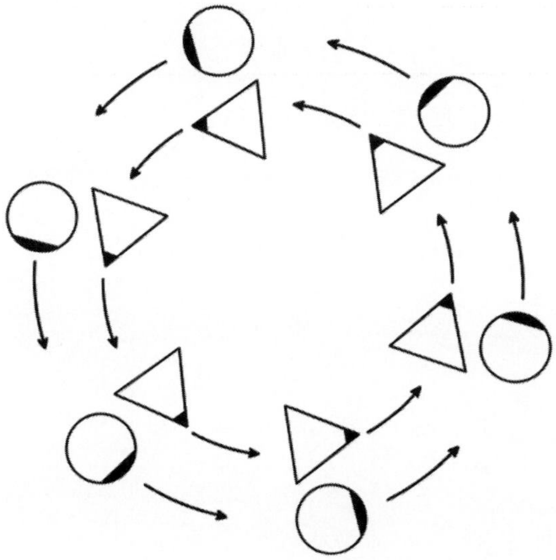

Ablauf

Im Stehen
1 – 2 – 3 – **1** – (2) – (3)
M. knickst, J. stampft.

1 – 2 – 3 – **1** – (2) – (3)
M. klatscht, J. kratzt.

Im Gehen
1 – 2 – 3 – **1** – 2 – 3 – **1** – 2 – 3 –
Neun Schritte vorwärts auf Kreislinie.

1 – (2) – (3) –
Stehen bleiben. Zueinander wenden.

Von vorne.

Gegenüberstehend stampfen die Jungen vier Mal.
Die Mädchen gehen in drei Stufen in die Knie.

Das Kratzen geht so: Linker Arm vor dem Körper, rechter Arm angewinkelt am Rücken.
Gewicht auf rechtem Fuß.
Auf 1 mit rechtem Bein in die Knie, auf 2 und 3 mit linker Zehenspitze am Boden kratzen.
Die Mädchen klatschen vier Mal.

Die Orgel

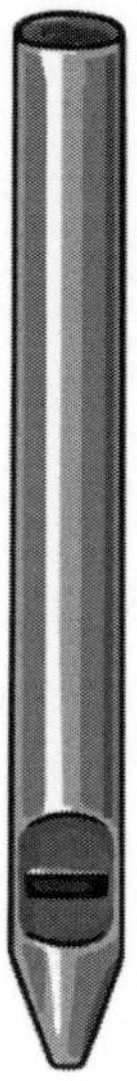

Die Orgel gibt es schon sehr lange. Fast 1500 Jahre!

Bei einer Orgel hat jeder Ton eine eigene Orgelpfeife.
Eine Orgelpfeife ist wie eine Riesenblockflöte, nur aus Metall und ohne Löcher.
Die Pfeifen sind verschieden lang und dick. Je dicker und länger eine Pfeife ist, umso tiefer ist der Ton.

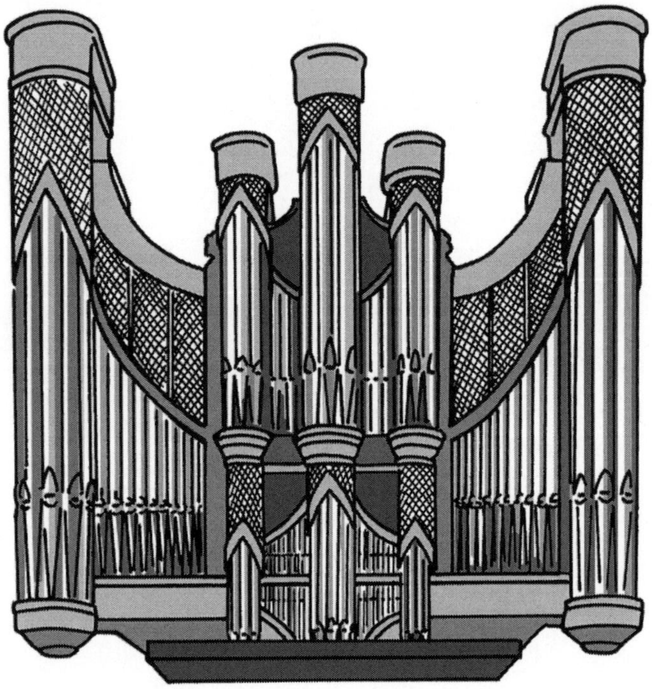

Orgel von vorne

Früher, im Mittelalter, war es in der Kirche verboten ein Instrument zu spielen. Nur Singen war erlaubt.
Das erste Instrument, das in der Kirche gespielt werden durfte, war die Orgel, da sie ähnlich wie die menschliche Stimme funktioniert: Es wird Luft durch eine Röhre gepresst.
Während beim Menschen die Lunge die Luft pustet, macht das bei der Orgel ein riesiger Luftsack, der Blasebalg.
Er wurde früher von zwei Männern auf und zu getreten.
Heute geschieht das elektrisch.

Der Blasebalg der Orgel wird getreten

A Hört euch an, wie eine Orgel klingen kann. 9

Das Weihnachtsoratorium 10

Mitspielsatz mit „Orgelpfeifen“

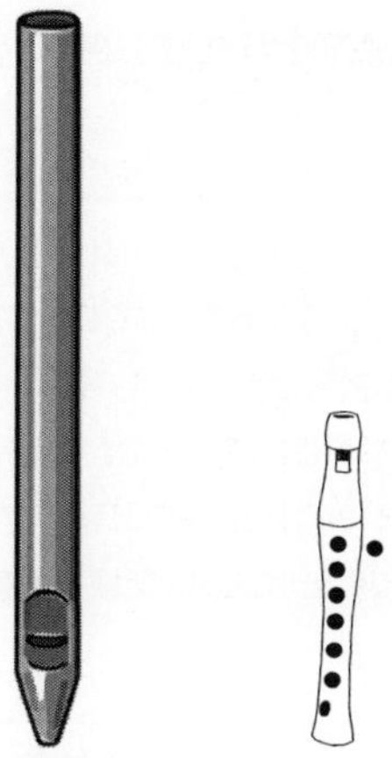

Orgelpfeife und Blockflöte

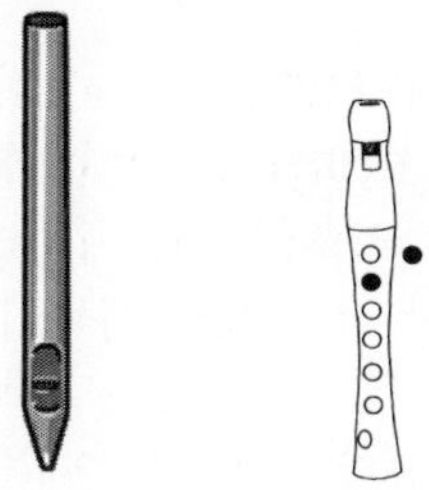

„Orgelpfeifen“ könnt ihr nachempfinden, wenn ihr die Löcher einer Blockflöte abklebt. Eine Blockflöte kann dann nur noch einen einzigen Ton spielen. So wie jede einzelne Orgelpfeife auch nur einen Ton spielt. Mit eurer Atemluft bringt ihr diesen Ton zum Schwingen. So wie der Blasebalg den Ton der Orgelpfeife in Schwingung versetzt.

Das berühmteste Musikstück von Bach ist das Weihnachtsoratorium. Darin verwendet er die Melodie des Weihnachtsliedes „Vom Himmel hoch“, allerdings mit einem anderen Text.

A Ihr könnt zum Chorgesang eine Begleitstimme aus zwei Tönen mitspielen. Dazu klebt ihr die beiden Töne so ab, wie es die Zeichnung zeigt. Im Weihnachtsoratorium wird jede Liedzeile von Orchestermusik unterbrochen. Achtet also gut darauf, wann der Chor singt!

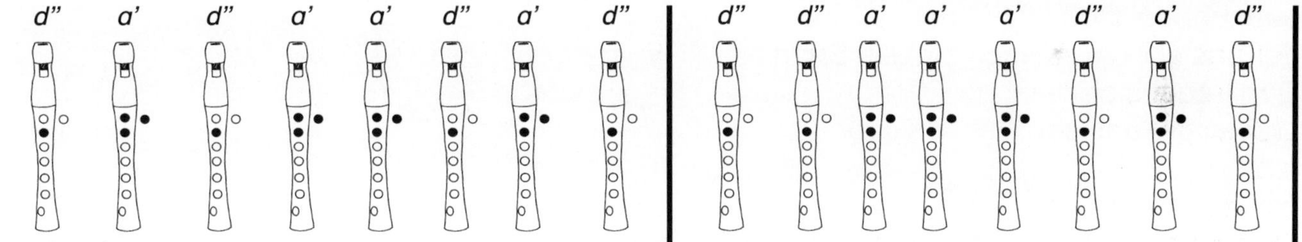

Ach, mein herz - lie - bes Je - su - lein, | mach dir ein rein sanft Bet - te - lein

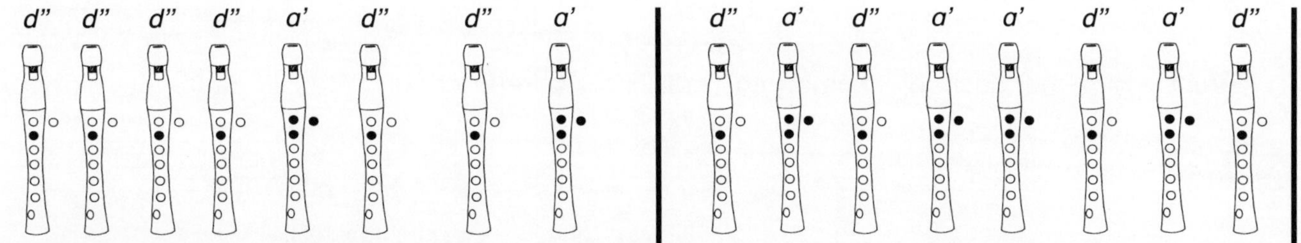

Zu ruh'n in mei - nes Her - zens Schrein, | dass ich nim - mer ver - ges - se dein.

Vom Himmel hoch

Die Melodie des Liedes „Vom Himmel hoch" wurde nicht von Johann Sebastian Bach komponiert, sondern von Martin Luther. Er lebte von 1483–1546 und war gar kein Komponist, sondern Pastor. Luther hat viele Kirchenlieder geschrieben. Die Melodie zu dem Lied „Vom Himmel hoch" hatte er bei sich selbst geklaut, nämlich aus dem Lied „Mein feste Burg ist unser Gott". Den neuen Text über die Verkündigung der Geburt des Jesuskindes hatte er für seine Kinder geschrieben. Das Lied hat 15 Strophen, aber normalerweise werden nur wenige gesungen.

Vom Himmel hoch da komm ich her

Vom Himmel hoch da komm ich her,
ich bring euch gute neue Mär;
der guten Mär bring ich so viel,
davon ich sing'n und sagen will.

Euch ist ein Kindlein heut gebor'n
von einer Jungfrau auserkor'n,
ein Kindelein so zart und fein,
das soll eu'r Freud und Wonne sein.

Es ist der Herr Christ, unser Gott,
der will euch führ'n aus aller Not,
er will eu'r Heiland selber sein,
von allen Sünden machen rein.

Lob, Ehr sei Gott im höchsten Thron,
der uns schenkt seinen ein'gen Sohn.
Des freuet sich der Engel Schar
und singet uns solch neues Jahr.

A Ihr könnt das Lied singen und mit einer zweiten Stimme begleiten. 11

M. Luther
Arr. N. F. Hoffmann

Die Bachsöhne

Die Söhne Johann Sebastian Bachs waren zu ihrer Zeit bekannter als der heute berühmte Vater. Das liegt daran, dass sich in ganz kurzer Zeit die Mode sehr geändert hat. Vater Bach lebte noch in der Barockzeit, in der nicht nur in der Musik, sondern auch in der Malerei und an den Häusern alles mit Schnörkeln versehen war. Am deutlichsten ist das heute in barocken Kirchen zu sehen.

Mit den Bachsöhnen dagegen beginnt eine neue Zeit, die Klassik. Nun werden alle Schnörkel weggelassen.

Wilhelm Friedemann Bach war der älteste Sohn. Er gilt als schwarzes Schaf der Familie, weil er am Ende seines Lebens arm und krank war. Vorher hatte er aber viel Erfolg. Er hat viele Konzerte gegeben, war ein erfolgreicher Musiklehrer und Musikdirektor in Halle. Deshalb wird er auch der „Hallesche Bach" genannt.

Carl Philipp Emanuel Bach wollte zuerst Jurist werden, hat aber schnell festgestellt, dass er als Musiker viel mehr Erfolg haben würde. Zuerst arbeitete er am Hof des Königs von Preußen als Kammercembalist, dann wurde er in Hamburg Organist und Kantor am Johanneum. Deshalb wird er auch der „Hamburger Bach" genannt. Er hat viel schöne Musik geschrieben, die heute noch aufgeführt wird. Auch die erste Anleitung zum Klavierspielen stammt von ihm.

Johann Christoph Friedrich Bach wird auch der „Bückeburger Bach" genannt, denn dort war er Konzertmeister. Er hat auch viele Oratorien und Kantaten komponiert. Am Ende seines Lebens war er in London, wo auch sein Bruder lebte. Auch dort war er sehr erfolgreich.

Johann Christian Bach wird auch der „Mailänder" oder der „Londoner Bach" genannt. Italien war damals das Mekka für Musik, wer hier Erfolg hatte, war in der ganzen Welt berühmt. Johann Christian hat viele Opern komponiert. Bald wurde man in England auf ihn aufmerksam, und da er dort mehr verdienen konnte, ist er nach London gezogen. Dort hat er die ersten öffentlichen Konzerte veranstaltet. Die Leute sind in Massen gekommen, um seine und die Musik anderer Komponisten zu hören. Die Musik seines Vaters Johann Sebastian wollte zu dieser Zeit niemand mehr hören.

Ankedote über „Das musikalische Opfer" 12–13

Bachs berühmter Sohn Carl Philipp Emanuel war als Klavierspieler bei dem jungen preußischen König Friedrich dem Zweiten, der auch der Große genannt wird, angestellt. Dieser König hat viele Schlachten geschlagen, viele Kirschbaumalleen pflanzen lassen, die Kartoffel in Deutschland eingeführt, und Flöte gespielt.

Carl Philipp Emanuel Bach erzählte dem König, dass sein Vater zu einer beliebigen unbekannten Melodie aus dem Stegreif, also ohne sich etwas aufzuschreiben, eine Fuge erfinden kann. Das wollte der König genauer wissen, denn zu dieser Zeit konnte niemand mehr Fugen improvisieren.

Also wurde Johann Sebastian Bach auf das königliche Schloss in Potsdam eingeladen. König Friedrich war aber ein Mann, der gerne andere Leute ärgerte. Er spielte also dem Vater Bach auf der Flöte eine Melodie vor, die so komisch war, dass es fast unmöglich war, darauf zu improvisieren. 12 Vater Bach ist es trotzdem gelungen, aus dieser Melodie wunderschöne Musik zu machen. Später wurde daraus das bekannte Musikstück „Das musikalische Opfer". 13

Alle Musiker, die gekommen waren, weil sie natürlich sehen wollten, wie gut der Alte noch spielen kann, waren begeistert und haben laut geklatscht und Bravo gerufen. Vielleicht hat Friedrich der Große gedacht:
In der Musik ist Johann Sebastian Bach der Große.

Richtig/falsch

Manche Leute sagen: Bach war weltberühmt, aber seine Söhne waren alle Versager.

Tatsache ist: Bach war zu seiner Zeit ein Geheimtipp, während seine Söhne Karl Philipp Emanuel, Christian und Friedemann äußerst erfolgreich und wirklich weltbekannt waren. Sie haben richtig viel Geld verdient!

Manche Leute sagen: Bach war sehr religiös. Mit seiner Musik hat er Gott gehuldigt.

Tatsache ist: Bach hat auch für Fürsten geschrieben und für Kaffeehäuser. Die gleichen Lieder hat er dann häufig mit neuen Texten in der Kirche aufgeführt.

Manche Leute sagen: Bach hat immer brav gemacht, was man ihm aufgetragen hat.

Tatsache ist: Bach hatte mit fast allen vorgesetzten Ratsherren, Fürsten, Domherren usw. Krach. Er hat sich um Geld gestritten und hat sich heftig empört, wenn er etwas machen sollte, was er nicht wollte.

Manche Leute sagen: Bach hat im Vergleich zu anderen Komponisten seiner Zeit die meisten Werke geschrieben.

Tatsache ist: Viele Kollegen haben noch viel mehr geschrieben. Der Komponist Georg Philip Telemann hat sogar fast doppelt so viel geschrieben!

Wolfgang Amadeus Mozart in seiner Zeit

a

b

Ⓐ Welche Abbildung passt zu welchem Text?

(1)
Wolfgang Mozart wird am 27. Januar 1756 in Salzburg geboren.

(2)
Am 12. Januar 1762 bricht die Familie zu einer Reise quer durch Europa auf. Wolfgang ist 6 Jahre alt. Dreieinhalb Jahre werden sie unterwegs sein. Sie kaufen sich eine eigene Kutsche, die aber unbequem und im Winter kalt ist. Der kleine Wolfgang ist einmal sogar sehr krank geworden.

(3)
Der wichtigste Punkt der Reise ist England. Denn England ist zu dieser Zeit das modernste Land Europas. Hier gibt es die ersten Dampfmaschinen, die größte Handelsflotte und die erfolgreichsten Kaufleute. Hier finden auch die ersten öffentlichen Konzerte statt, die man für Geld besuchen kann. Um die Familienkasse zu füllen, lässt Vater Mozart seinen Sohn als Musikakrobat auftreten. Wolfgang Amadeus spielt zum Beispiel Klavier mit geschlossenen Augen oder lässt sich ein Tuch über die Hände legen.

c

d

(4)
Mozart unternimmt im Laufe seines Lebens drei Reisen nach Italien und schreibt dabei sieben italienische Opern, die meisten für den Karneval. In Italien ist die Oper erfunden worden, bei jedem Karneval werden neue Opern aufgeführt. Mozart lernt die italienische Sprache und wird mit dreizehn Jahren Professor an der Universität in Bologna.
Der Papst verleiht ihm einen Orden, er darf sich jetzt „Ritter von Mozart" nennen.

e

(5)
Josef der Zweite ist der neue, junge Kaiser von Österreich. Er will alles erneuern und verändern. Zum Beispiel sollen sich die reichen Adeligen nicht mehr so aufspielen und sich einfacher kleiden. Außerdem soll in der Oper nicht mehr italienisch gesungen werden, sondern deutsch, damit die Leute, die nicht so gebildet sind, auch etwas verstehen können. Der Kaiser gibt deshalb Mozart den Auftrag, eine deutsche Oper zu komponieren. Diese Oper spielt in der Türkei. Später wird „Die Zauberflöte" von Mozart sehr berühmt werden.

Party feiern!

Mozart feierte gern Feste. Für solche Feste schrieb er dann lustige Musik. Mit der Musik erlaubte er sich gerne einen Spaß, z. B. mit betrunkenen Wirtshausbesuchern.
In dem Kanon „Bona nox" macht er sich über Sprachen lustig. Er selbst sprach Deutsch, Englisch, Italienisch und Französisch.
Für das Musikstück „Ein musikalischer Spaß" komponierte er Musik, wie sie Dorfmusikanten spielten.

Ⓐ Lest dazu, was Mozart seinem Vater schrieb.

Einen Ball geben bedeutet *eine Party feiern.*

Bona Nox

Bona nox, bist a rechter Ochs;
bona notte, liebe Lotte, bonne nuit,
pfui, pfui, good night, good night,
heut muss i no weit;
gute Nacht, gute Nacht,
s'wird höchste Zeit, gute Nacht!
Schlaf recht g'sund und bleib recht kugelrund!

Originaltext von Mozart:
Bona nox, bist a rechter Ochs;
bona notte, liebe Lotte, bonne nuit,
pfui, pfui, good night, good night,
heut muss ma no weit;
gute Nacht, gute Nacht,
scheiß' ins Bett, dass's kracht, gute Nacht!
Schlaf fei g'sund und reck den Arsch zum Mund!

Bona notte ist italienisch, *good night* ist englisch
bonne nuit ist französisch, und alles heißt: gute Nacht!

Ⓐ Weil viele die letzten fünf Wörter des Textes unanständig finden, wurden sie ausgetauscht. Welchen Text wollt ihr singen?

Bona Nox 14–15

W. A. Mozart
Arr. N. F. Hoffmann

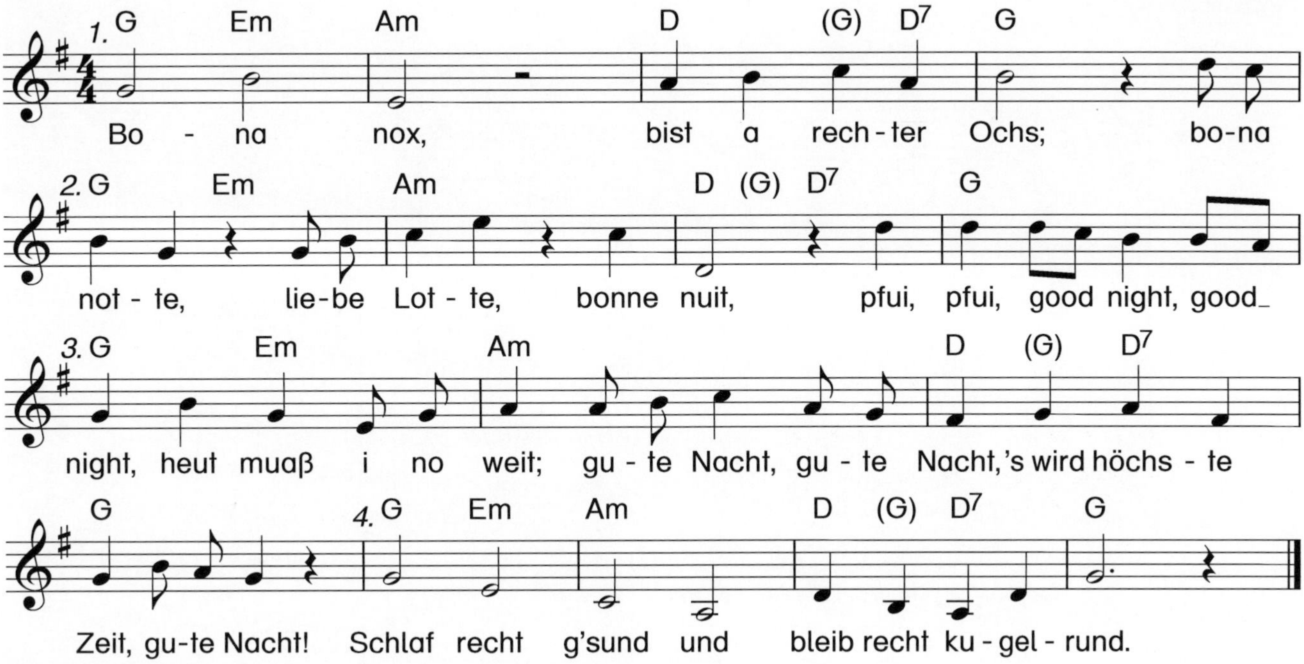

Man kann das Lied auch als Kanon singen.

Die Liedbegleitung 16

Arr. N. F. Hoffmann

1.

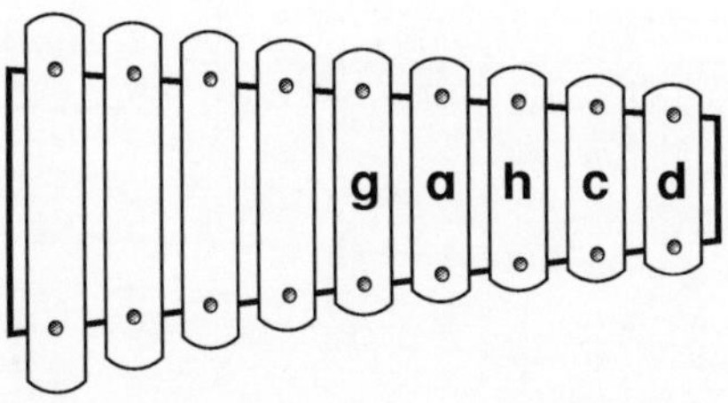

2.

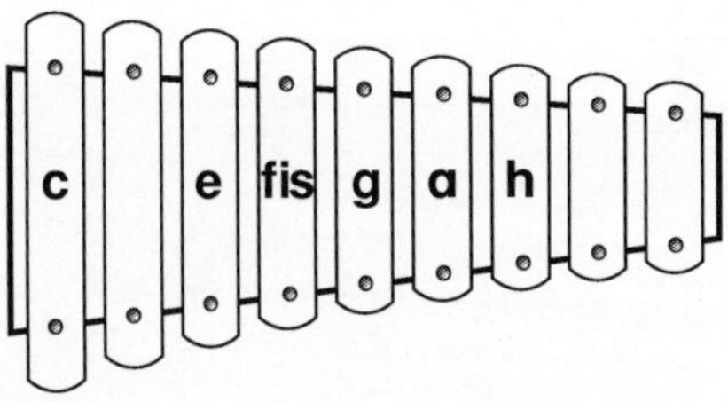

3.

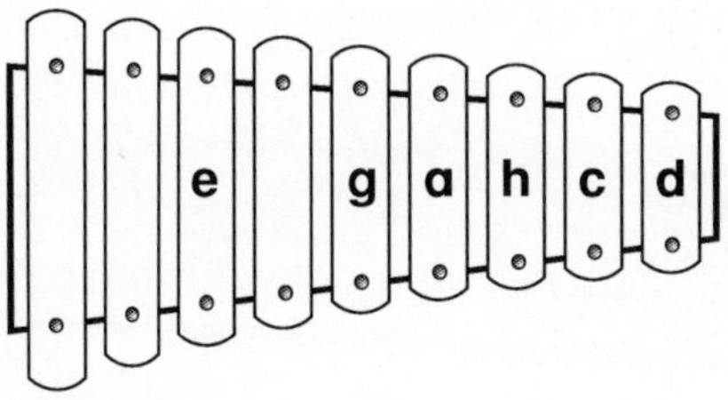

Ein musikalischer Spaß (CD 17 + 19)

W. A. Mozart
Arr. N. F. Hoffmann

Mitspielsatz

Ein musikalischer Spaß 18

Vereinfachter Mitspielsatz

Arr. N.F. Hoffmann

Instrumente	F F F	G G G		F F F	G G G
klatschen					

Instrumente		F F F	F F F F	F F F F	G G G G
klatschen					

Instrumente	A A A	F———	A———	G———	F F F
klatschen					

□ = Pause ——— = langer Ton

Die Türkenmode

Die russische Zarin Katharina die Große und der türkische Sultan führten von 1768 bis 1774 Krieg gegeneinander.
Viele Länder in Europa beteiligten sich. Der Kaiser von Österreich verbündete sich mit dem türkischen Sultan. Die Einwohner von Wien, zu denen auch Mozart zählte, fanden die Türken gut.
Deshalb kam die Türkenmode auf.

Mozart geht zum Fasching gern als Türke verkleidet.

Drei türkische Instrumente werden in die Musik eingeführt:

 Das Becken,

 die Triangel und

 die Fingercimbel.

- Findet ihr diese Instrumente bei euren Schulinstrumenten?
- Das Becken könnt ihr durch gut klingende Topfdeckel ersetzen. Die Triangel könnt ihr nachbauen.

Schweißdraht aus Aluminium ca. 53 cm lang, 2 mm dick

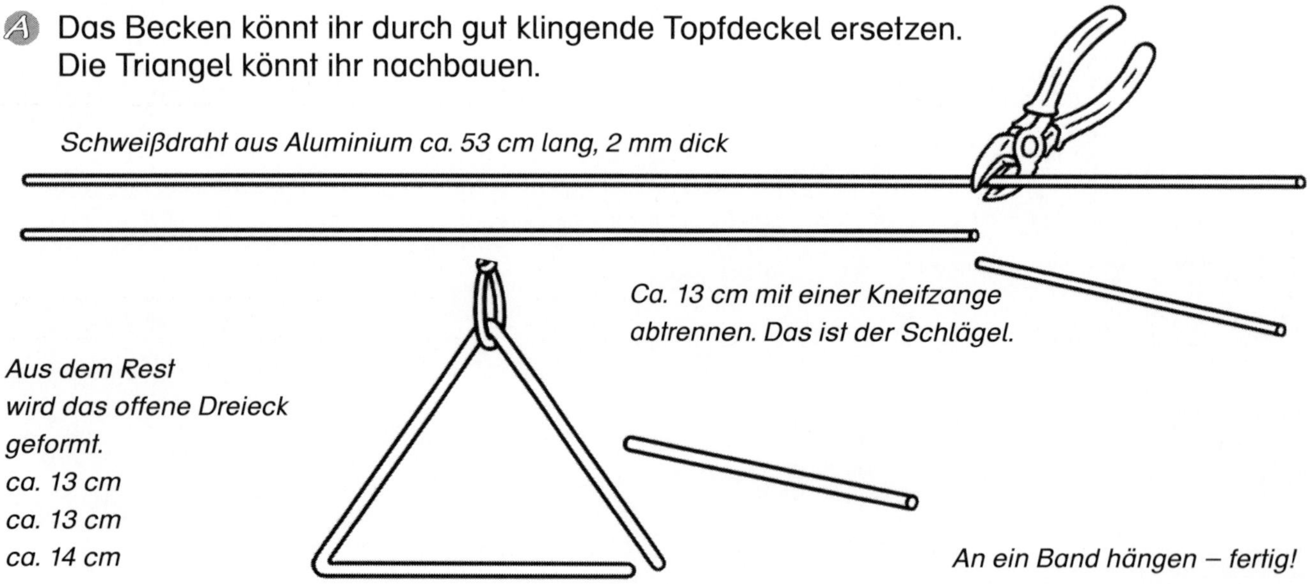

Ca. 13 cm mit einer Kneifzange abtrennen. Das ist der Schlägel.

Aus dem Rest wird das offene Dreieck geformt.
ca. 13 cm
ca. 13 cm
ca. 14 cm

An ein Band hängen – fertig!

Alla Turca 20–21

Mitspielsatz

Arr. N. F. Hoffmann

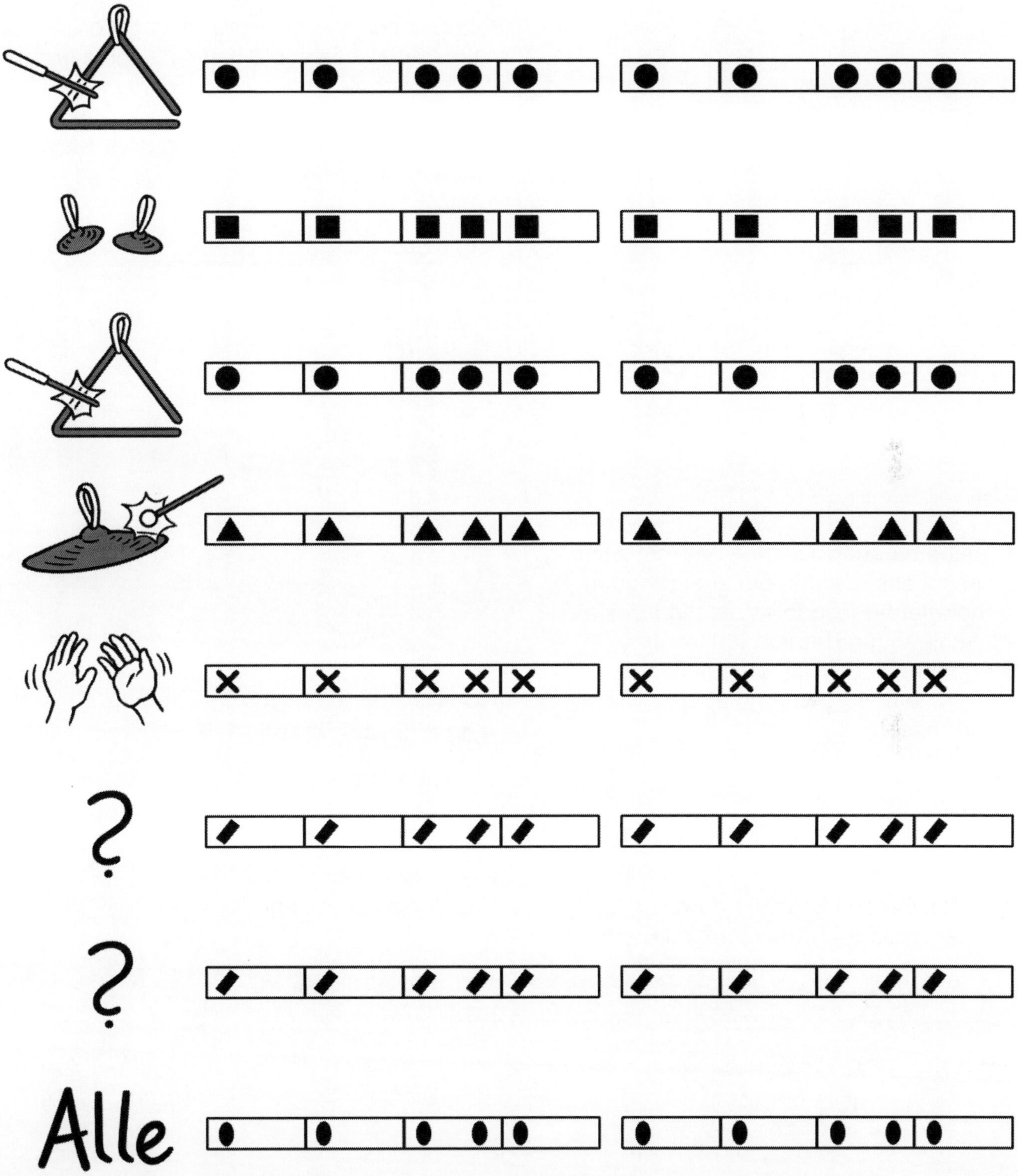

Ⓐ Sucht selbst Instrumente aus und spielt sie bei dem ?.

Die Zauberflöte

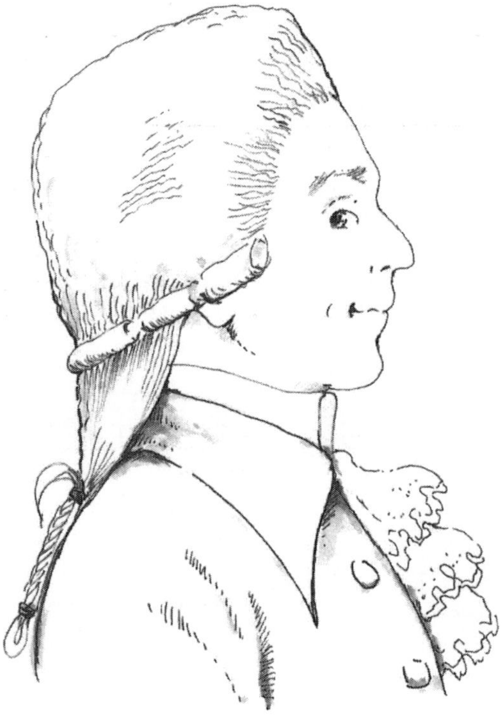

Emanuel Schikaneder

Schikaneder war der berühmteste Schauspieler Wiens, viele Frauen waren in ihn verliebt. Deshalb ließ sich seine Frau von ihm scheiden.

Er hatte oft großen Erfolg, ging aber auch genauso oft pleite.

In seinem neuen Theater, das ihm seine Frau schenkte, nachdem er sie wieder geheiratet hatte, gab es die modernsten Maschinen für Theatereffekte: ein fliegender Ballon, ein automatischer Drache, eine Regen- und eine Feuermaschine.

Papageno

Da Mozart der beliebteste Komponist der Stadt Wien war, kam nur er in Frage, für dieses Spitzen-Theater Musik zu schreiben. Es entstand „Die Zauberflöte“, Mozarts bekanntestes Werk.

Der Vogelfänger 22–23

W. A. Mozart
Arr. N. F. Hoffmann

Anekdote über den Fußtritt

Mozart war 25 Jahre alt. Er hatte fast ganz Europa besucht, hatte überall große Erfolge gefeiert, am Schluss aber war er immer wieder in Salzburg gelandet. Diese Stadt konnte er überhaupt nicht leiden.

Eines Tages erfuhr er, dass in Wien Musiker gesucht werden. Mozart war jedoch am Hof des Fürst-Erzbischofs von Salzburg fest angestellt als Musiker. Hätte er gekündigt, wäre er im Gefängnis gelandet. Musiker und Komponisten waren damals Diener, die ihrem Herrn gehorchen mussten.

Mozart hat deshalb Streit gesucht und ein Paket, das er zur Post bringen sollte, absichtlich vergessen. Da wurde der Kammerdiener des Fürst-Erzbischofs, nach heutigen Begriffen sein Vorgesetzter, so wütend, dass er Mozart mit einem Tritt in den Hintern hinausbeförderte. Nun war er seine Anstellung los. Mozart schmerzte zwar das Hinterteil, aber er war frei und konnte endlich Salzburg verlassen und nach Wien gehen. Dort sollte er sehr erfolgreich sein.

Richtig/falsch

Manche Leute sagen: Mozart hieß mit Vornamen „Amadeus".
Tatsache ist: Im Taufbuch steht: „Johannes Chrysostomus Wolfgangus Theophilus".
Aus Spaß nannte Mozart sich „Wolfgang de Mozart, Ritter vom Hohental oder Wolfgang Amadé Rosenkranz Ritter vom Sauschwanz".
Seine Schwester nannte ihn: „Wolfgangerl" und seine Frau: „Wolferl".
Seine Kompositionen unterschrieb er mit Wolfgang Amadé.
Erst viele Jahre nach seinem Tod, nachdem er berühmt geworden war, erhielt er den Namen „Amadeus".

Manche Leute sagen: Mozart war ein verträumter und überempfindlicher Mensch.
Tatsache ist: Er beherrschte vier Sprachen (Deutsch, Französisch, Englisch und Italienisch). Er hat Zeitung gelesen. Er hatte einen großen Freundeskreis und hat viele Feste gefeiert.

Manche Leute sagen: Mozart war klein und zart.
Tatsache ist: Er war ein Dickmops und hat gerne gut gegessen und Wein getrunken.

Manche Leute sagen: Mozart ist arm gestorben.
Tatsache ist: Er hat bis zu seinem Tod viel gearbeitet und sehr gut verdient, allerdings hatte er auch viele Schulden. Er spielte gerne Billard (um Geld) und kaufte sich edle Klamotten.
Er ließ sich auch aus den besten Gasthäusern Essen schicken.

Manche Leute sagen: Ein anderer Komponist namens Salieri, der damals bedeutend war, heute aber unbekannt ist, hat Mozart vergiftet.
Tatsache ist: Viele Jahre nach Mozarts Tod kam dieser Komponist in die Irrenanstalt und erzählte überall: „Ich habe Mozart vergiftet."

Manche Leute sagen: Als Mozart starb, gab es ein Gewitter.
Tatsache ist: Im Tagebuch eines Wiener Hofbeamten steht: „Wetter unauffällig."

Manche Leute sagen: Mozart wurde in einem Armengrab beerdigt.
Tatsache ist: In dieser Zeit bekamen nur Fürsten und Reiche ein eigenes, allerdings sehr großes Grab.

Manche Leute sagen: Mozarts Frau Konstanze konnte nicht mit Geld umgehen, deshalb hatte Mozart so viele Schulden.
Tatsache ist: Seine Frau hat mit dem Verkauf der übrig gebliebenen Noten in drei Jahren alle Schulden bezahlt.

Ludwig van Beethoven in seiner Zeit

a

b

c

Ⓐ Welche Abbildung passt zu welchem Text?

(1)
Ludwig van Beethoven wird am 16. Januar 1770 in Bonn geboren. Der Tag ist unbestritten. Beethoven selbst behauptet, 1772 geboren zu sein. Damit wäre er zwei Jahre jünger.

(2)
Beethovens Vater ist als Sänger im Schloss von Bonn angestellt. Außerdem ist er ein Säufer, manchmal wird er wütend und zwingt den kleinen Ludwig mit Schlägen, sich an das Klavier zu setzen und zu üben. Nach dem Willen des Vaters soll aus ihm ein Wunderkind werden.

(3)
Im Alter von 16 Jahren ist Beethoven bereits Musiker am Hof des Fürsten Maximillian in Bonn.
Der Fürst ist ein netter Mann. Er schickt Ludwig nach Wien, damit er dort ein berühmter Künstler werden kann. In Wien ist er nun nicht mehr angestellt, sondern frei. Er muss von seinem Klavierspiel und seinen Kompositionen leben.

d

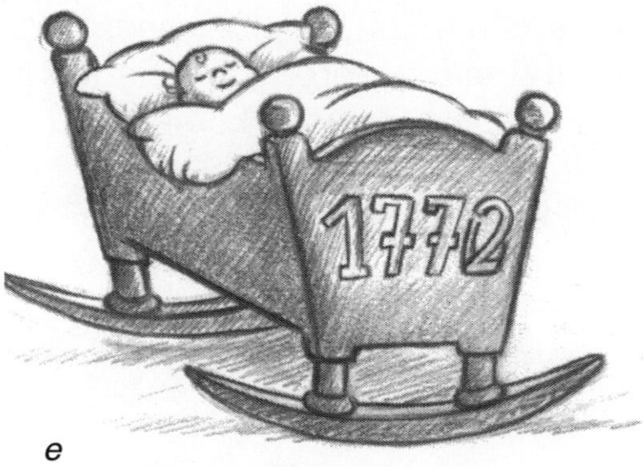

e

f

(4)
Im Umgang mit anderen Menschen ist Beethoven ein richtiges Ekel. Er streitet sich mit jedem seiner Freunde. Er muss auch sehr oft umziehen, da er immer wieder Probleme mit Nachbarn und Haushälterinnen hat.

(5)
In seinen letzten Lebensjahren hört Beethoven fast nichts mehr. Um mit ihm zu sprechen, müssen die Mitmenschen Fragen in ein Buch schreiben. Ein Teil dieser Bücher existiert noch.

(6)
Obwohl er mit allen zerstritten ist, kommen zu seiner Beerdigung 10 000 Menschen. Der Trauerzug geht durch die ganze Stadt.

Der Marsch des York'schen Korps 24–25

Ein Korps (gesprochen: „Kor") ist ein Verband von mehreren Truppeneinheiten in der Armee.
Soldaten marschieren im Gleichschritt.
Dafür werden Märsche komponiert.

Beethoven hat einen solchen Marsch geschrieben.
Man hört am Rhythmus, dass dazu marschiert werden soll.

Zu einem Marsch gehören diese Instrumente:

Kleine Trommel

Große Trommel

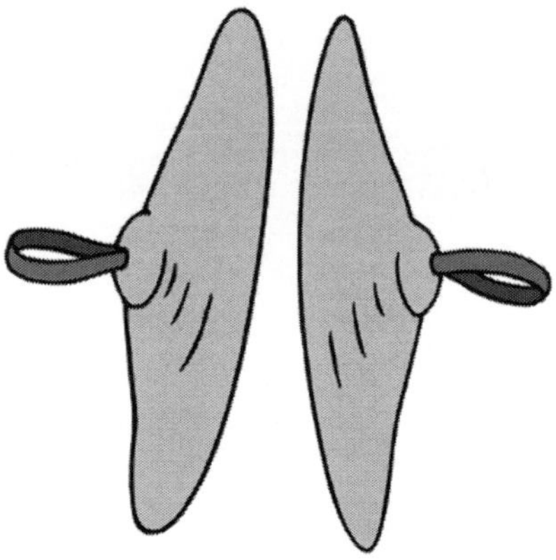
Becken

A Spielt auf verschiedenen Trommeln und Becken zur Musik.

Die große Trommel darf nicht mit der Pauke verwechselt werden.
Pauken treten immer im Paar auf. Sie sehen aus wie riesige Kochtöpfe mit einem Fell darauf.

Pauke

Beethoven hat viele Musikwerke geschrieben, in denen die Pauke etwas ganz Neues spielen musste.

Das war damals eine Sensation.

In seinem Geigenkonzert spielt die Pauke ganz leise. 26

In der 9. Sinfonie knallt die Pauke völlig unerwartet in eine Pause hinein, sodass alle erschrecken. 27

A Spielt zur Musik, so wie es die Mitspielmusik zeigt.

Der Marsch des York'schen Korps 25 Arr. N. F. Hoffmann

Mitspielsatz

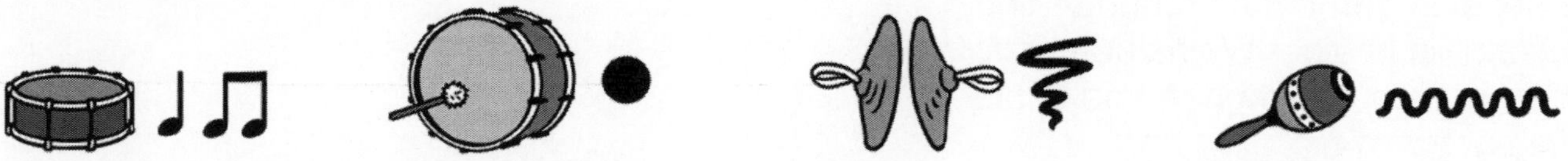

kleine Trommel *große Trommel* *Becken* *Rassel*

Einleitung (nach vier Schlägen Einzähler)

Zur Musik

Pause: 6 Takte

Ländler

Beethoven war kein Stubenhocker!
Er hat sich gerne mit Freunden und Bekannten in einer Weinstube getroffen. Man hat sich unterhalten und dabei Wein getrunken.

Ein Beisel ist eine Wiener Kneipe.

Das Musikstück, das ihr hört, ist von Beethoven und klingt so wie die Musik, die man in den Wirtshäusern für die Gäste gespielt hat.
Im Hörbeispiel 28 ist der Takt etwas verändert, damit ihr besser mitspielen könnt.

A Die vier wichtigsten Töne könnt ihr auf gestimmten Weingläsern oder einem Glockenspiel mitspielen. 29

Beethoven war auch sehr naturverbunden.
Er hat lange Wanderungen vor den Toren Wiens unternommen.
Sogar bei schlechtem Wetter, wenn es donnerte und blitzte, war er unterwegs. Deshalb kann es in seiner Musik manchmal richtig krachen.
Hört euch ein Gewitter an, das er für seine sechste Sinfonie komponierte. 30

Ländler 28–29

L. v. Beethoven
Arr.: N. F. Hoffmann

Mitspielsatz

Andante

Zuerst sucht ihr vier leere Gläser, die verschieden hoch klingen. Je dicker das Glas, desto tiefer der Ton.

Dann versucht ihr die Feinabstimmung für jedes Glas. Je mehr Wasser im Glas ist, desto höher klingt der Ton.

Spielt einen Ton auf einem Glockenspiel und vergleicht ihn mit dem Ton des Weinglases. Verändert den Wasserstand solange, bis der Ton mit dem Ton des Glockenspiels übereinstimmt. Tut dies für alle vier Töne.

Schlagt das Weinglas vorsichtig mit einem Löffel an.

Johann Nepomuk Mälzel

Johann Nepomuk Mälzel, 1772–1838

Musikautomat mit Streichinstrumenten

Einer der interessantesten Leute in Wien war der Erfinder und Ingenieur Johann Nepomuk Mälzel.

Er baute zum Beispiel Musikautomaten, für die Beethoven komponieren sollte.

Mit der Sinfonie „Wellingtons Sieg oder die Schlacht bei Vittoria", die Beethoven dafür komponierte, hatte er zwar einen der größten Erfolge seiner Laufbahn, aber für das von Mälzel erfundene Orchestrion ist das Stück leider zu schwierig. Deshalb musste die Sinfonie von einem normalen Orchester gespielt werden.

Mälzel hat auch das Metronom erfunden. Damit kann man genau einstellen, wie schnell gespielt werden soll.

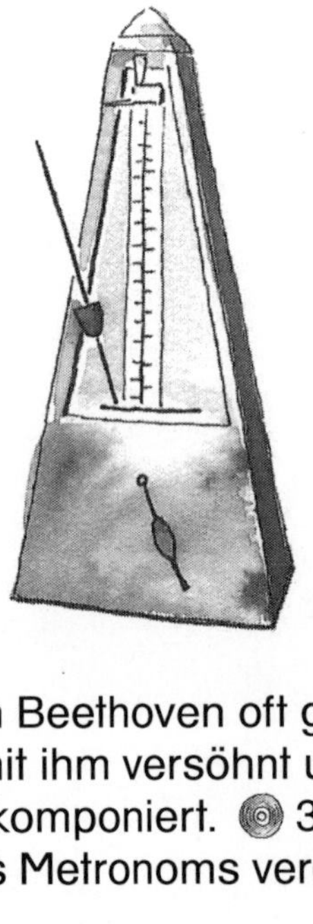

Und er hat für Beethoven eigene Hörrohre bauen lassen, als dieser immer schlechter hörte.

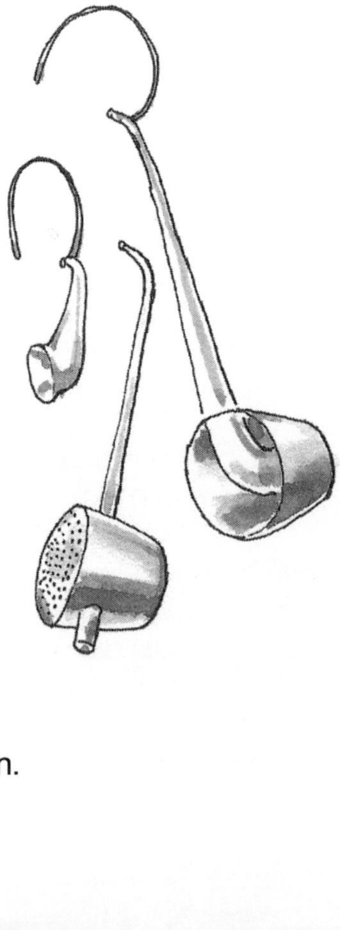

Auch mit Mälzel hat sich Beethoven oft gestritten. Doch er hat sich immer wieder mit ihm versöhnt und sogar einen Kanon zu seinen Ehren komponiert. 31
Hier wird das Ticken des Metronoms verarbeitet.

A Spielt die vier Bewegungs-Stimmen als Begleitung zum Kanon.

Mälzel-Kanon 31–32

L. v. Beethoven
Arr.: N. F. Hoffmann

Mitspielsatz

1 x *klatschen*  *Gegen die Stirn schlagen*  *Sich auf den Bauch schlagen*  *Sich auf die Oberschenkel schlagen* 

Die 9. Sinfonie 33–34

Beethoven war ganz begeistert von einem Gedicht,
das der Dichter Friedrich Schiller 1785 geschrieben hat.

An die Freude

Freude , schöner Götterfunken ,
Tochter  aus Elysium .
Wir betreten feuertrunken ,
Himmlische , dein Heiligtum .
Deine Zauber  binden wieder ,
was die Mode streng geteilt .
Alle Menschen werden Brüder ,
wo dein sanfter Flügel  weilt.

Früher war es selbstverständlich, dass Menschen in gut und schlecht unterteilt wurden. Schiller will mit dem Gedicht sagen, dass dies nun vorbei ist und sich alle Menschen gemeinsam ein Paradies auf Erden bauen können.

A Singt das Lied „An die Freude“ zum Playback. 34

Die Ode „An die Freude“ ist seit 1985 offizielle Hymne der europäischen Gemeinschaft.

An die Freude 33–34

Original D-Dur

T: Fr. Schiller
M: L. v. Beethoven
Arr.: N. F. Hoffmann

Anekdote über die „Unsterbliche Geliebte"

Früher gab es in jedem Schreibtisch ein Fach, das so versteckt war, dass keiner es finden konnte. In dieses Fach wurden Papiere und Gegenstände gesteckt, die geheim waren. Deshalb hieß dieses Fach Geheimfach.

Nachdem Beethoven gestorben war, wurde sein Schreibtisch genau untersucht. So entdeckte man ein Geheimfach, in dem sich ein heißer Liebesbrief befand. Er war an eine Frau geschrieben worden, die Beethoven „Unsterbliche Geliebte" genannt hat. Der Brief enthält aber ein großes Geheimnis:Es ist völlig unklar, wer diese Frau ist, die Beethoven auch „T." nennt.

Viele Leute haben nun versucht herauszufinden, wie der richtige Name der so sehr verehrten Dame lautet. Sogar das Papier wurde untersucht. Dabei stellte sich heraus, dass der Brief 1812 in der Stadt Teplitz geschrieben wurde. Doch wer war die Frau? Verschiedene Wissenschaftler entdeckten immer wieder neue Personen und behaupteten, nun sichere Beweise zu haben. Aber bis heute ist unklar, wer die „Unsterbliche Geliebte" wirklich war.

Vielleicht ist das gut so, denn wäre der Name der Frau bekannt geworden, dann wäre sie ja schon längst keine „Unsterbliche Geliebte" mehr, da sie bereits vor langer Zeit gestorben wäre.

Richtig/falsch

Manche Leute sagen: Beethoven trug keine Brille, das kann man ja auf den Bildern sehen.

Tatsache ist: Obwohl es kein einziges Bild gibt, auf dem er eine Brille trägt, hat er immer eine getragen!

Manche Leute sagen: Beethoven hat plötzlich während des Dirigierens gemerkt, dass er taub war.

Tatsache ist: Sein Gehör wurde im Verlauf der Jahre langsam schlechter. Erst seine letzten Werke hat er fast taub geschrieben.

Manche Leute sagen: Beethoven war ein Genie, weil er ohne zu hören komponieren konnte.

Tatsache ist: Alle großen Komponisten können sich Musik im Kopf vorstellen. Ob sie dann aber auch so schön klingt wie die von Beethoven, ist eine andere Sache.

Manche Leute sagen: Beethoven hat nur lange und schwere Musikstücke komponiert, die keiner kaufen wollte.

Tatsache ist: Beethoven schrieb auch Musik, die viele Leute hören wollten. Er musste von seiner Arbeit leben können und wollte nicht sparen müssen. Er hat sogar Aktien gekauft und war kein armer Mann.

Manche Leute sagen: Beethoven war einsam, weil die Leute seine Musik zu verrückt und zu anstrengend fanden.

Tatsache ist: Die Leute waren darauf gespannt, was er sich Neues ausgedacht hatte. Seine Konzerte waren immer ausverkauft. Er war hoch angesehen und trotz seines schwierigen Charakters zu seiner Zeit ein Superstar.

Richard Wagner in seiner Zeit

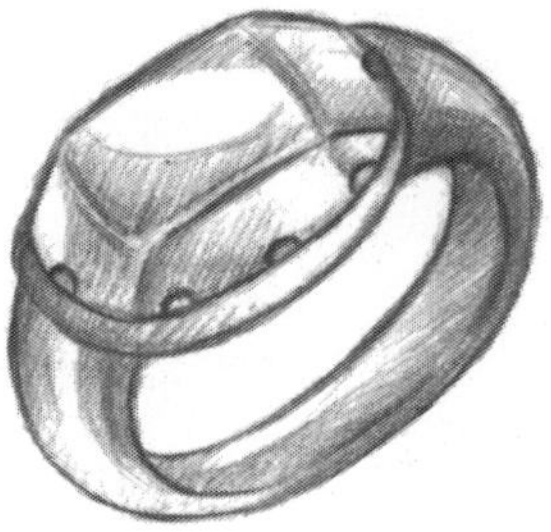

a

b

c

Ⓐ Welche Abbildung passt zu welchem Text?

(1)
Richard Wagner wird am 22. Mai 1813 in Leipzig geboren. Ein paar Monate später wird der französische Kaiser Napoleon Bonaparte in der Völkerschlacht von Leipzig im Oktober 1813 vernichtend geschlagen. Mit insgesamt etwa 520.000 beteiligten Soldaten aus zwölf Ländern war diese Schlacht die bis dahin größte der Weltgeschichte.

(2)
Wagner flieht im Alter von 26 Jahren aus der Stadt Riga, weil er sehr viele Schulden angehäuft hat. Bei der Flucht gerät er auf der Ostsee in einen fürchterlichen Sturm. Dieses Erlebnis bringt ihn auf die Idee, die Oper „Der Fliegende Holländer" zu schreiben. Es ist die Geschichte von einem Geisterschiff.

d

e

(3)
1849 muss Wagner Deutschland verlassen, weil man ihn zum Tode verurteilt hatte. Wagner flieht in die Schweiz. Da er kein Geld hat, verkauft er seinen gesamten Besitz, darunter auch die Kleider seiner Frau.

(4)
König Ludwig der Zweite von Bayern ist ein Fan von Wagner. Er tut alles für ihn: Er hebt das Todesurteil auf, sodass Wagner nach Deutschland zurückkehren kann. Er tilgt alle seine Schulden. Er schenkt Wagner eine große Villa und ein eigenes Theater. Beide stehen heute noch in Bayreuth.

(5)
Wagner führt in seinem eigenen Theater die größte Oper aller Zeiten auf: „Der Ring des Nibelungen". Wagners Oper besteht aus vier Einzel-Opern, die an vier Tagen hintereinander gespielt werden. Die Geschichte dieser Oper ähnelt in gewisser Weise dem Buch „Der Herr der Ringe", das heute sehr bekannt ist.

Wagner als Dirigent

Wagner hatte schon sehr jung Erfolg als Dirigent. Mit 21 Jahren war er bereits musikalischer Direktor am Theater in Magdeburg. Dort komponierte er seine erste Oper „Das Liebesverbot".

Das Theater machte pleite. Nun ging er in die Stadt Riga. Von dort aus floh er nach Dresden. Hier wurde er königlicher Hofkapellmeister an der Semper-Oper. Er war also der Chef des Orchesters.

Richard Wagner

Die Semper-Oper in Dresden.
Sie ist zweimal abgebrannt und dann wieder neu aufgebaut worden. So sieht sie heute aus.

In diesem Opernhaus dirigierte Wagner sehr viele Werke der verschiedensten Komponisten. Mit deren Musik ging er oft recht frei um.

So konnte es passieren, dass er den Schluss einfach selbst neu schrieb. Das sorgte für viel Aufmerksamkeit. Alle Zeitungen berichteten darüber.

A Spielt das Mitspielstück. 36

Es stammt aus der Einleitung der Oper „Das Liebesverbot".
Die musikalische Einleitung einer Oper nennt man Ouvertüre (gesprochen „uwertüre"). In einigen Ouvertüren erzählt das Orchester alles Wichtige, was in der Oper vorkommen wird. Aber nur mit Tönen, ohne Worte! Wenn die Oper beginnt, hebt sich der Vorhang und der Zuschauer sieht eine tolle Kulisse. In dieser Kulisse singen die Sänger und Sängerinnen nicht nur, sie spielen auch eine Rolle, wie im Theater.

Das Liebesverbot 35–36

Mitspielsatz

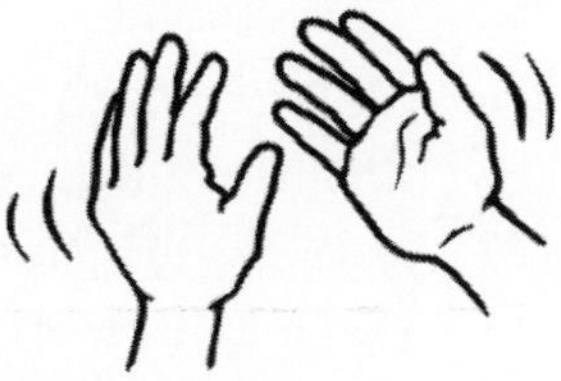

Alle klatschen.

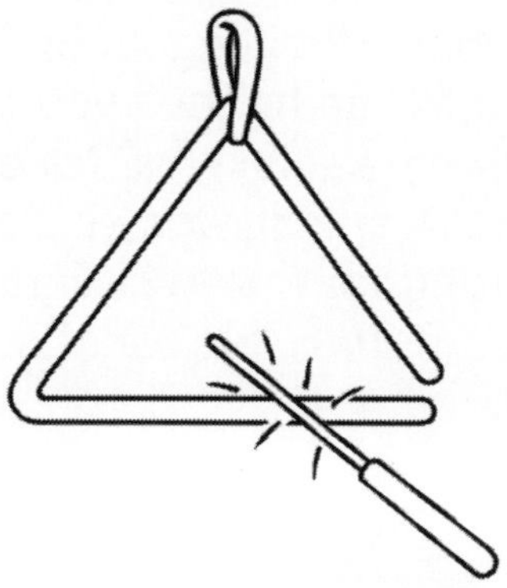

Beachtet, wann leise und wann laut geklatscht wird.
Dafür stehen unter den Noten Buchstaben.
Es sind die Abkürzungen für italienische Wörter.

p = piano = leise
f = forte = laut
ff = fortissimo = sehr laut
< = crescendo = lauter werdend

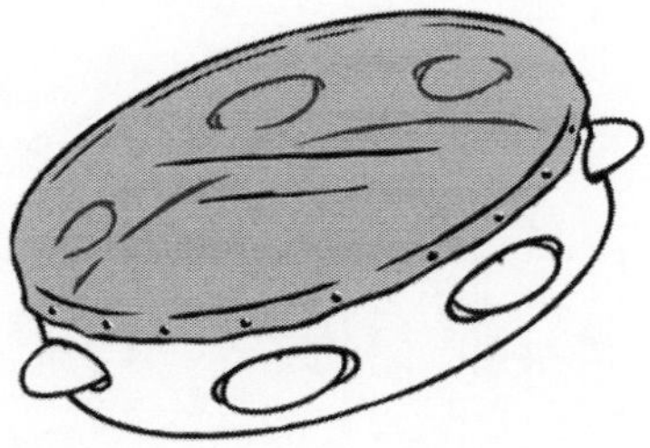

Die Triangel spielt immer in gleicher Lautstärke – eher leise.
Das Tamburin spielt nur mit, wenn es laut ist.

Tamburin vorweg

Arr.: N.F.Hoffmann

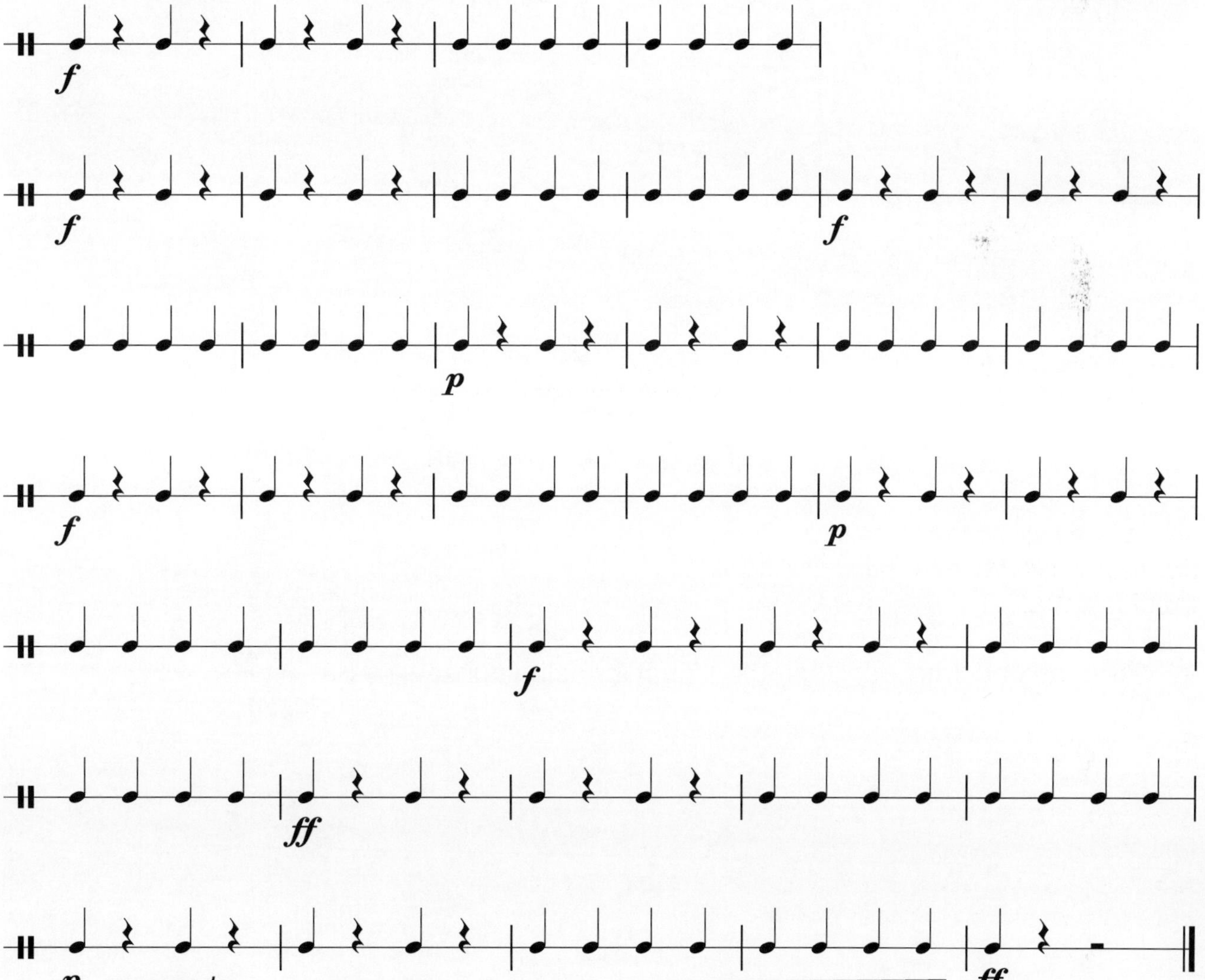

Der Fliegende Holländer 37

Wagners Oper vom Fliegenden Holländer ist sehr traurig. Sie handelt von einem Kapitän, der eine schlimme Tat begangen hat. Man erfährt nicht, was es war. Für diese Tat aber wurde er verflucht und dazu verdammt, als Geist auf einem Geisterschiff zu fahren. Für alle Ewigkeit und auf allen Weltmeeren. Das Schiff taucht immer wieder aus dem Nebel auf und verschwindet sogleich. Nur die Liebe eines Mädchens kann ihn erlösen.

Das Segelschiff des „Fliegenden Holländers“

A Zu „Lied und Tanz der Seeleute“ könnt ihr selbst tanzen. 38

Lied und Tanz der Seeleute 37–38

R. Wagner
Arr.: N.F. Hoffmann

Stampfen auf links

Stampfen auf rechts

Der Ring des Nibelungen

„Der Ring des Nibelungen“ heißt die Riesenoper, die aus vier Einzelopern besteht. Dies ist die Geschichte, wie der Ring geschmiedet wurde.

A Hört euch dazu auch die Musik an. 39

Tief am Grunde des Rheins bewachen die lustigen Rheintöchter einen großen Goldschatz. Da taucht der Zwerg Alberich auf. Ihm gelingt es, ihnen den Schatz abzuluchsen.

Er bringt das Gold in die Unterwelt, wo die Zwerge wohnen. Diese Zwerge sind das Volk der Nibelungen. Aus dem Goldschatz schmieden die Zwerge für den Zwergenkönig Alberich den Ring des Nibelungen.

Wer diesen Ring besitzt, hat unendliche Macht über die Welt. Der Ring wandert von einer Person zur anderen.

Am Schluss bekommt ihn Siegfried, indem er den Drachen tötet, der den Ring bewacht.

Der Ring wird geschmiedet – mit drei oder sechs Ambossen 40

R. Wagner
Arr.: N. F. Hoffmann

Zur Musik schmieden die Nibelungen den Ring. 39
Man hört deutlich, wie mit dem Hammer rhythmisch auf den Amboss geschlagen wird.
Drei Töpfe und drei Kochlöffel klingen fast genauso.

A Spielt mit zur Musik. 40
Schlagt immer drei Schläge 1 – 2 – 3 pro Takt mit der Musik mit. Ihr könnt auch zwei Schläge pro Beat spielen:
1 und 2 und 3 und.

Leitmotive in der Oper „Der Ring des Nibelungen“ 41–45

Richard Wagner hat die Technik des Leitmotivs erfunden.

Wenn eine Sache oder eine Person, die in der Oper eine Rolle haben, eine eigene Musik bekommen, nennt man das Leitmotiv. Das kann nur ein kurzes Stück Musik zu sein, das leicht wiederzuerkennen ist. Immer, wenn man diese Musik hört, weiß man, wer oder was gemeint ist.

Ⓐ Hört euch die Leitmotive zu den folgenden Bildern an.

Wer diesen Ring besitzt, hat Macht über die ganze Welt. 41
Doch auf dem Ring liegt ein Fluch:
Er bringt Unheil.

Die Riesen prügeln sich um den Ring. 42

Der Held der Geschichte ist Siegfried. 43

Sein Schwert heißt Nothung. 44
Es war kaputt und nur Siegfried kann es reparieren.
Siegfried ist unbesiegbar.
Außer am Rücken.
Dort ist die einzige Stelle, die verletzbar ist.

In der Götterburg wohnt der Götterchef mit Namen Wotan. 45

Anfang und Ende der Geschichte vom Ring des Nibelungen

Klanggeschichte mit Leitmotiven

A Hört die Musik und malt oder schreibt in die leeren Kästchen, was gemeint ist. 46

Der Anfang

Ganz weit über der Erde, noch hinter dem Himmel, steht eine prächtige ☐.

Sie ist ganz neu und eben zu Ende gebaut worden von zwei ☐. Wotan,

der Götterchef, hatte dem Zwergenkönig Alberich den ☐ abgeluchst.

Damit bezahlt er jetzt den Bau der ☐. Als die beiden ☐

den Ring bekommen, geraten sie in Streit, und der eine schlägt den anderen tot.

Das Ende

Inzwischen befindet sich ☐ auf einer großen Jagd. Als er

sein ☐ zur Seite legt, um aus einer Quelle zu trinken, stößt ein sehr

böser Mann mit Namen Hagen seinen Speer in den Rücken von ☐.

Er stirbt. Hagen nimmt den ☐. Er erschlägt seinen Bruder, der ihn auch

haben will. Wieder wirkt der Fluch! Wotans Tochter Brünhilde schwört ihm Rache

und wirft den ☐ in den Rhein. Hagen stürzt gierig hinterher und ertrinkt.

Da leuchtet ein riesiger Feuerschein. Die ☐ und die

ganze Welt brennen.

Die Oper ist aus.

Die Lösung steht auf S. 56.

Anekdote über die verpasste Kutsche

1848 war das Jahr, in dem es in ganz Europa kräftig gekracht hat. Überall gingen die Leute auf die Straße und riefen: „Wir wollen frei sein, wir wollen nicht mehr den Königen und Fürsten dienen!" Wagner, der immer für die Freiheit gewesen war, war sehr begeistert und hat diese Revolution unterstützt. Er war zu dieser Zeit Generalmusikdirektor an der Dresdner Oper, also eine wichtige Persönlichkeit.

Königen und Fürsten gefiel die Revolution nicht, denn sie hatten keine Lust ihr angenehmes Leben aufzugeben.
Sie schickten also Soldaten und Polizei, um der Revolution ein Ende zu setzen. Die Revolutionäre wehrten sich, beide haben aufeinander geschossen.

Wagner merkte, dass es ihm an den Kragen ging – er wurde mit Steckbrief gesucht. Zusammen mit seinen Freunden wollte er in einer Postkutsche fliehen. Die Kutsche aber hatte Verspätung. Wagner hatte keine Lust zu warten und ging wieder nach Hause. Seine Freunde hatten mehr Geduld und stiegen in die Kutsche ein.

Die Freunde in der Kutsche wurden verraten, verhaftet und sogar zum Tode verurteilt. Wagner hat die nächste Kutsche genommen. So ist es ihm gelungen in die Schweiz zu fliehen, wo es keine Fürsten und Könige mehr gab.

Manchmal scheint es für die Musikgeschichte gut zu sein, wenn öffentliche Verkehrsmittel Verspätung haben.

Richtig/falsch

Manche Leute sagen: Wagner war Nazi, also ein Anhänger Hitlers.

Tatsache ist: Wagner hat viele Jahre früher gelebt, er konnte also gar kein Nazi sein. Er war aber Hitlers Lieblingskomponist.

Manche Leute sagen: Wagners Musik ist langweilig, weil die Opern so lang sind.

Tatsache ist: Es stimmt, sie sind wirklich lang! Aber sie sind sehr spannend, weil sie sich wie Filmmusik anhören.

Manche Leute sagen: Man kann sich die Melodien von Wagner nicht merken.

Tatsache ist: Wagner hat berühmte Melodien geschrieben, zum Beispiel „Lied und Tanz der Seeleute" und den „Hochzeitsmarsch" aus Lohengrin. Den Hochzeitsmarsch kann man in jedem Standesamt hören!

Manche Leute sagen: Wagner war nur mit feinen Herrschaften, z. B. dem König von Bayern, befreundet.

Tatsache ist: Tatsächlich erschienen zur ersten Aufführung der Oper „Der Ring des Nibelungen": Kaiser Pedro II von Brasilien, Kaiser Wilhelm I von Deutschland, der König von Bayern, der König von Württemberg, und viele Herzoge, Fürsten, Prinzen und Prinzessinnen.
Aber er hat auch an einer Revolution teilgenommen, die sich gerade gegen solche Leute wendete.

Manche Leute sagen: Wagner war Antisemit. Das heißt, er hat Juden abgelehnt.

Tatsache ist: In einem Aufsatz hat Wagner geschrieben, dass Juden nicht richtig komponieren können. Damit hatte er unrecht, denn es gibt viele Juden, die wunderbare Musik geschrieben haben. Am Ende seines Lebens hat Wagner Hermann Levi gebeten, die Uraufführung seiner letzten Oper „Parzival" in Bayreuth zu dirigieren.

Liste der Hörbeispiele

HB	Komponist	Titel
1	J. S. Bach	Goldberg-Variation Nr. 4, BWV 988
2	J. S. Bach	Goldberg-Variation Nr. 30, BWV 988, Kraut und Rüben
3	J. S. Bach	Goldberg-Variation Nr. 30, BWV 988, Kraut und Rüben *mit Gesang*
4	Christian Petzold, zugeschrieben J. S. Bach	Menuett I G-Dur, BWV Anh. 114
5	The Toys (Sandy Linzer, Denny Rendell, Copyright Control)	A Lover's Concerto
6	Madonna (Madonna/Stuart Price/ B. Andersson/B. Ulvaeus)	Hung up
7	Abba (Stuart Price/B. Andersson/ B. Ulvaeus)	Gimme! Gimme! Gimme!
8	G. F. Händel	„Menuett" aus der Feuerwerksmusik
9	J. S. Bach	Toccata d-moll, BWV 565
10	J. S. Bach	Choral „Ach mein herzliebes Jesulein" aus dem Weihnachtsoratorium, BWV 248 Tonart: D-Dur
11	Martin Luther	„Vom Himmel hoch da komm ich her"
12	J. S. Bach	Ein musikalisches Opfer, BWV 1079 *Melodie*
13	J. S. Bach	Ein musikalisches Opfer, BWV 1079
14	W. A. Mozart	Bona nox, KV 561
15	W. A. Mozart	Bona nox, KV 561 *Playback*
16	W. A. Mozart	Bona nox, KV 561 *Liedbegleitung*
17	W. A. Mozart	Ein musikalischer Spaß F-Dur, KV 522: Menuetto Maestoso
18	W. A. Mozart	Ein musikalischer Spaß F-Dur, KV 522: Menuetto Maestoso *Vereinfachter Mitspielsatz*

HB	Komponist	Titel
19	W. A. Mozart	Ein musikalischer Spaß F-Dur KV 522: Menuetto Maestoso *Mitspielfassung*
20	W. A. Mozart	Alla Turca: Allegretto; aus der Sonata No. 11 in A-Dur, KV 331
21	W. A. Mozart	Alla Turca: Allegretto; aus der Sonata No. 11 in A-Dur, KV 331 *Mitspielfassung*
22	W. A. Mozart	Arie „Der Vogelfänger" aus der Oper „Die Zauberflöte"
23	W. A. Mozart	Arie „Der Vogelfänger" aus der Oper „Die Zauberflöte" *Mitspielfassung*
24	L. v. Beethoven	Marsch des York'schen Corps, WoO 18
25	L. v. Beethoven	Marsch des York'schen Corps, WoO 18 *Mitspielfassung*
26	L. v. Beethoven	Konzert für Violine und Orchester D-dur op. 61, Allegro ma non troppo
27	L. v. Beethoven	Sinfonie Nr. 9 d-moll op. 125: Molto vivace (Paukenschlag)
28	L. v. Beethoven	Leichte Stücke (ohne Opus): Ländler
29	L. v. Beethoven	Leichte Stücke (ohne Opus): Ländler *Mitspielfassung*
30	L. v. Beethoven	Sinfonie Nr. 6 F-Dur op. 68 („Gewitter – Sturm")
31	L. v. Beethoven	Mälzel-Kanon, WoO 162
32	L. v. Beethoven	Mälzel-Kanon, WoO 162 *Mitklatschstimmen*
33	L. v. Beethoven	Sinfonie Nr. 9 d-moll op. 125: Finale presto „An die Freude"
34	L. v. Beethoven	Sinfonie Nr. 9 d-moll op. 125: Finale presto „An die Freude" *Playback*
35	R. Wagner	Das Liebesverbot, Ouvertüre
36	R. Wagner	Das Liebesverbot, Ouvertüre *Mitspielfassung*
37	R. Wagner	„Steuermann, lass die Wacht!" und „Tanz der norwegischen Matrosen" aus der Oper „Der fliegende Holländer"

HB	Komponist	Titel
38	R. Wagner	„Steuermann, lass die Wacht!“ und „Tanz der norwegischen Matrosen“ aus der Oper „Der fliegende Holländer“ *mit Tanzanleitung*
39	R. Wagner	Leitmotiv „Der Ring wird geschmiedet“ aus der Oper „Das Rheingold“
40	R. Wagner	Leitmotiv „Der Ring wird geschmiedet“ aus der Oper „Das Rheingold“ *Mitspielfassung*
41	R. Wagner	Leitmotiv „Der Ring“ aus der Oper „Das Rheingold“
42	R. Wagner	Leitmotiv „Der Riese“ aus der Oper „Das Rheingold“
43	R. Wagner	Leitmotiv „Siegfried“ aus der Oper „Siegfried“
44	R. Wagner	Leitmotiv „Das Schwert“ aus der Oper „Die Walküre“
45	R. Wagner	Leitmotiv „Die Götterburg“ aus der Oper „Das Rheingold“
46	Musik: R. Wagner Text: N. F. Hoffmann	Anfang und Ende der Geschichte vom Ring des Nibelungen. Klanggeschichte mit Leitmotiven

Lösung zu S. 51

Der Anfang

Ganz weit über der Erde, noch hinter dem Himmel, steht eine prächtige (Burg).

Sie ist ganz neu und eben zu Ende gebaut worden von zwei (Riesen). Wotan, der Götterchef, hatte dem Zwergenkönig Alberich den (Ring) abgeluchst. Damit bezahlt er jetzt den Bau der (Burg). Als die beiden (Riesen) den Ring bekommen, geraten sie in Streit, und der eine schlägt den anderen tot.

Das Ende

Inzwischen befindet sich (Siegfried) auf einer großen Jagd. Als er sein (Schwert) zur Seite legt, um aus einer Quelle zu trinken, stößt ein sehr böser Mann mit Namen Hagen seinen Speer in den Rücken von (Siegfried).

Er stirbt. Hagen nimmt den (Ring). Er erschlägt seinen Bruder, der ihn auch haben will. Wieder wirkt der Fluch! Wotans Tochter Brünhilde schwört ihm Rache und wirft den (Ring) in den Rhein. Hagen stürzt gierig hinterher und ertrinkt. Da leuchtet ein riesiger Feuerschein. Die (Burg) und die ganze Welt brennen.

Die Oper ist aus.